## 김황

재일 한국인 3세로 일본 교토에서 태어났어요.
대학에서 생물학을 공부하고 학교에서 생물을 가르쳤으며,
지금은 어린이 책 작가로 자연과 생명의 소중함을 알리기 위해 노력하고 있죠.
《코끼리 사쿠라》로 일본아동문학가협회가 주최한 '제1회 어린이를 위한 감동 논픽션 대상'에서 최우수 작품상을,
《둥지 상자》로 CJ그림책상을 받았고,《생태 통로》가 한국출판문화상에 선정되었습니다.
그동안 쓴 책으로《이 씨앗 누굴까?》《멋진 깃털을 갖고 싶어!》《고릴라에게서 평화를 배우다》
《꿀벌이 없어지면 딸기를 못 먹는다고?》《토마토, 채소일까? 과일일까?》《비빔밥 꽃 피었다》
《산호초가 모두 사라지면?》《오랑우탄과 팜유 농장 보고서》《바다거북 코에 빨대가 꽂혀 있습니다》
《올빼미와 부엉이를 지켜 줘!》등이 있습니다.


## 전진경

언제나 낯설고 색다른 그림을 그리려고 끝없이 고민하고 노력하는 작가예요.
그동안 쓰고 그린 책으로《빈 공장의 기타 소리》《맥을 짚어 볼까요?》가 있고,
그린 책으로《야옹이야, 나야》《이대열 선생님이 들려주는 뇌과학과 인공지능》
《두 얼굴의 에너지, 원자력》《책 만드는 이야기, 들어 볼래?》
《안녕, 꿈틀이》《나의 미누 삼촌》등이 있습니다.


**고작 2도에…**
지구 기온 상승이 불러올 환경 재앙
Text ⓒ 김황, 2023 | Illustrations ⓒ 전진경, 2023 | Editing & design ⓒ 한울림어린이, 2023

글쓴이 김황 | 그린이 전진경 | 편집 윤소라 | 디자인 이순영
펴낸곳 ㈜도서출판 한울림 | 펴낸이 곽미순 | 출판등록 2004년 4월 12일(제2021-000317호)
주소 서울특별시 마포구 희우정로16길 21 | 대표전화 02-2635-1400 | 팩스 02-2635-1415
블로그 blog.naver.com/hanulimkids | 인스타그램 www.instagram.com/hanulimkids

첫판 1쇄 펴낸날 2023년 10월 27일    4쇄 펴낸날 2025년 5월 16일        ISBN 979-11-6393-148-5  77450

이 책은 저작권법에 따라 보호 받는 저작물이므로, 저작자와 출판사 양측의 허락 없이는 이 책의 일부 혹은 전체를 인용하거나 옮겨 실을 수 없습니다.
* 한울림어린이는 ㈜도서출판 한울림의 어린이 책 브랜드입니다.    * 잘못된 책은 바꾸어 드립니다.

어린이제품안전특별법에 의한 제품 표시    제조국 대한민국    사용연령 7세 이상

지구 기온 상승이 불러올 환경 재앙

# 고작 2°C에…

김황 글  전진경 그림

한울림어린이

사람에게 체온 36.5℃는 아주 중요해.
더울 때 땀이 흐르고 추울 때 부들부들 몸이 떨리는 건
체온을 유지하기 위해서야.
사람뿐이 아니라, 동물들은 저마다 체온을 유지하는 방법이 있어.

체온이 2℃ 올라가면 어떨까?
온몸에서 힘이 빠지고 아무것도 할 수 없어.
먹지도 놀지도 못하고 그냥 누워 있어야 하지.
체온이 2℃ 넘게 올라가면
병원에 가야 해. 아주 위험한 신호거든.

39℃야! 어떡해, 체온이 2℃ 넘게 올랐어!

나도 39℃인데! 나 아프냐옹?

물고기는 스스로 체온을 조절할 수 없어.
그래서 자신에게 맞는 물 온도에서만 살 수 있지.
연어, 청어, 명태, 대구, 꽁치가 차가운 바다에 살고,
고등어, 방어, 삼치, 정어리, 참다랑어 등이
따뜻한 바다에서 사는 이유야.
그러니까 바닷물고기에게는 바닷물 온도가 아주 중요하단다.

으앗! 물이 차가워!

얌냥~
물고기 좋다냥!!

바닷물 온도가 2℃ 올라가면 어떨까?
물고기 대이동이 시작돼.
자신이 살 수 있는 물 온도를 찾아 떠나는 거야.
물고기에게 2℃는 사람이 느끼는 20℃만큼 큰 차이거든.
그러니까 물고기들의 이동은 목숨을 건 탈출이야.

바닷물 온도는 산호초에게도 아주 중요해.
산호초의 산호 몸속에 사는 식물 플랑크톤(갈충조)은 광합성을 해서 영양분을 만들어.
산호는 이 영양분으로 점액을 만들어서 몸을 보호하지.
산호가 오래된 점액을 벗어 버리면 작은 생물이 몰려와 먹는단다.
이 작은 생물을 먹고 사는 또 다른 생물이 모여들고,
이 생물을 먹고 사는 또 다른 생물이 찾아오고…
그래서 산호초에는 전체 바다 생물 종의 25%가 모여 살아.

바닷물 온도가 2℃ 올라가면 어떨까?
식물 플랑크톤이 사라져.
식물 플랑크톤에게 영양분을 받지 못한 산호는
점액을 만들지 못하고 하얗게 변하다가 결국 죽고 말지.
산호의 점액을 먹고 살던 작은 생물들이 떠나고,
이들을 먹고 살던 다른 생물들도 떠나고…
고작 2℃에 생명력 넘치던 바다는 죽음의 바다가 되고 말아.

새끼 때만
보호색이 있어서야.

바닷물 온도는 바다 위 생물들에게도 영향을 줘.
우리나라 백령도에 사는 점박이물범은 겨울이 되면
바닷물이 얼어 버릴 만큼 추운 북쪽 바다로 떠나.
천적의 눈을 피해 단단한 유빙 위에서 새끼를 낳고 기르기 위해서야.

그런데 바닷물 온도가 2℃ 올라가면
점박이물범이 새끼를 낳고 기를 단단한 유빙이 만들어지지 않아.
천적인 범고래들은 작고 얇은 유빙을 깨고
점박이물범 새끼는 물론 어미까지 먹어 치우지.
바닷물 온도가 계속 올라간다면
우리는 두 번 다시 점박이물범을 만날 수 없을 거야.

엄마 바다거북은 정말 대단해!

쉿! 바다거북 놀란다냥!

바다거북에게는 바다와 맞닿은
모래밭 온도가 아주 중요해.
바다거북은 평생 바다에서 살지만 알을 낳을 때가 되면
자신이 태어났던 바닷가 모래밭을 찾아와.
암컷 바다거북은 구덩이를 파고 약 100개의 알을 낳지.
두 달쯤 지나면 새끼들이 태어나는데
그동안의 모래 온도에 따라 암컷과 수컷이 결정돼.
온도가 너무 높으면 암컷만, 너무 낮으면 수컷만 태어나지.

바닷가 모래밭 온도가 2℃ 올라가면
암컷 바다거북만 태어나.
실제로 미국 플로리다주 해변에서는
최근 여러 해 동안 암컷 바다거북만 태어났어.
수컷 바다거북이 없으면 짝짓기를 할 수 없고,
결국 새끼 바다거북도 태어나지 못해.
고작 2℃에
우리는 두 번 다시 바다거북을 만날 수 없게 될지도 몰라.

바다 밖 기온은 어떨까?
자이언트판다는 먼 옛날 다른 곰들과의 먹이 경쟁에서 밀려나
천적이 없는 높은 산속으로 숨어들었어.
중국 일부 지역에서 1년 내내 푸른 잎이 나오는
대나무와 조릿대만 먹으며 살아남았지.

지구 기온이 2℃ 올라가면 어떨까?
자이언트판다가 사는 곳의 대나무와 조릿대가 잘 자라지 못해.
지구온난화가 계속 진행되면
자이언트판다의 먹이는 빠르게 줄어들 거야.
먼 옛날 높은 산으로 도망쳐 살아남은 자이언트판다들은
이제 어디로 가야 할까?

지구 기온은 곤충에게도 큰 영향을 미쳐.
곤충은 자신에게 맞는 기온에서만 살 수 있거든.
곤충의 애벌레가 먹는 식물도 기온이 너무 높거나 낮으면 잘 자라지 못해.
특히 나비 애벌레들은 편식이 아주아주 심해서
자기가 먹는 식물이 잘 자라지 못하면
나비가 되지 못하고 죽고 말아.

지구 기온이 2℃ 올라가면 어떨까?
곤충 대이동이 시작돼.
서늘한 기후를 좋아하는 나비들은 북쪽으로 이동하고,
따뜻한 기후를 좋아하는 곤충들은 남쪽에서 올라오지.
지금까지 없던 외래 곤충이 등장하고,
겨울 동안 얼어 죽는 곤충이 줄어들면서
곤충 수가 폭발적으로 늘어나.
농작물을 비롯한 자연에 심각한 혼란이 일어나고
사람에게도 엄청난 피해가 생기지.

지구온난화가 불러온 이상 기후는 수많은 생물들의 목숨을 위협하고 있어.
북극곰은 바다 얼음이 줄어든 탓에 먹이 사냥을 하지 못하고,
오랑우탄은 많은 비 때문에 과일이 잘 열리지 않아 굶주리지.
아프리카코끼리는 물을 찾지 못해 쓰러지고,
호주가 유일한 서식지인 코알라는
가뭄이 일으킨 대형 산불로 살 곳을 잃었어.
계속되는 해류 변화로 먹이 터가 멀어져서
대왕고래는 자꾸만 쇠약해지고 있지.

지구는 지구온난화라는 병에 걸렸어.
그래서 자꾸만 '열'이 나.

지구 평균 기온이 2℃ 올라가면*
모든 생물 종의 최대 30%가,
4℃도 올라가면 최대 40%가
지구에서 영원히 사라질지도 몰라.

* 산업혁명 이전과 비교한 온도.

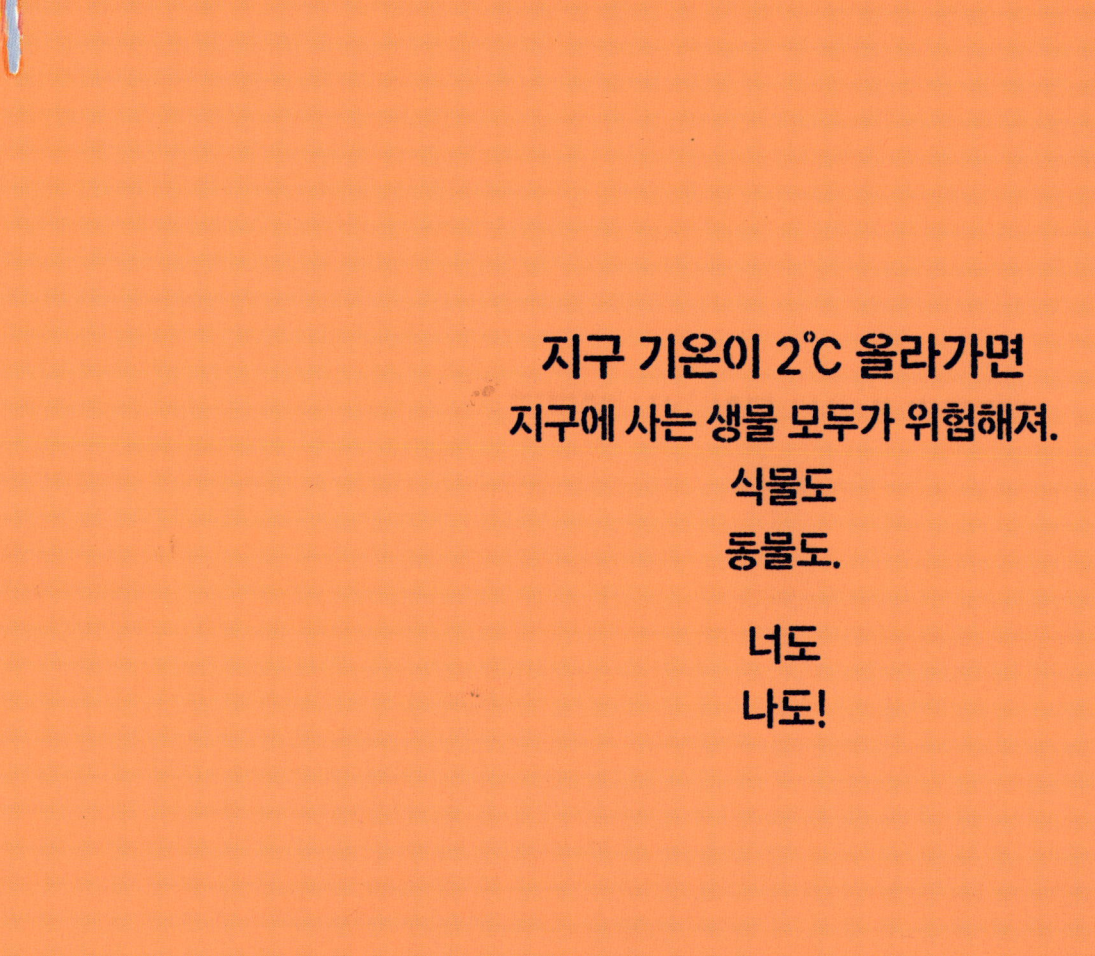

지구 기온이 2℃ 올라가면
지구에 사는 생물 모두가 위험해져.
식물도
동물도.

너도
나도!